Couvertures supérieure et inférieure
manquantes

NOTICE

SUR

L'ÉGLISE SAINT-RÉMI

(ANCIENNE PAROISSE DE BORDEAUX)

BORDEAUX

CHEZ CODERC, DEGRÉTEAU ET POUJOL

(Maison LAFARGUE)

RUE DU PAS SAINT-GEORGES, 28

1866

BORDEAUX. — IMP. DE F. DEGRÉTEAU ET Cie

Rue du Pas Saint-Georges, 28.

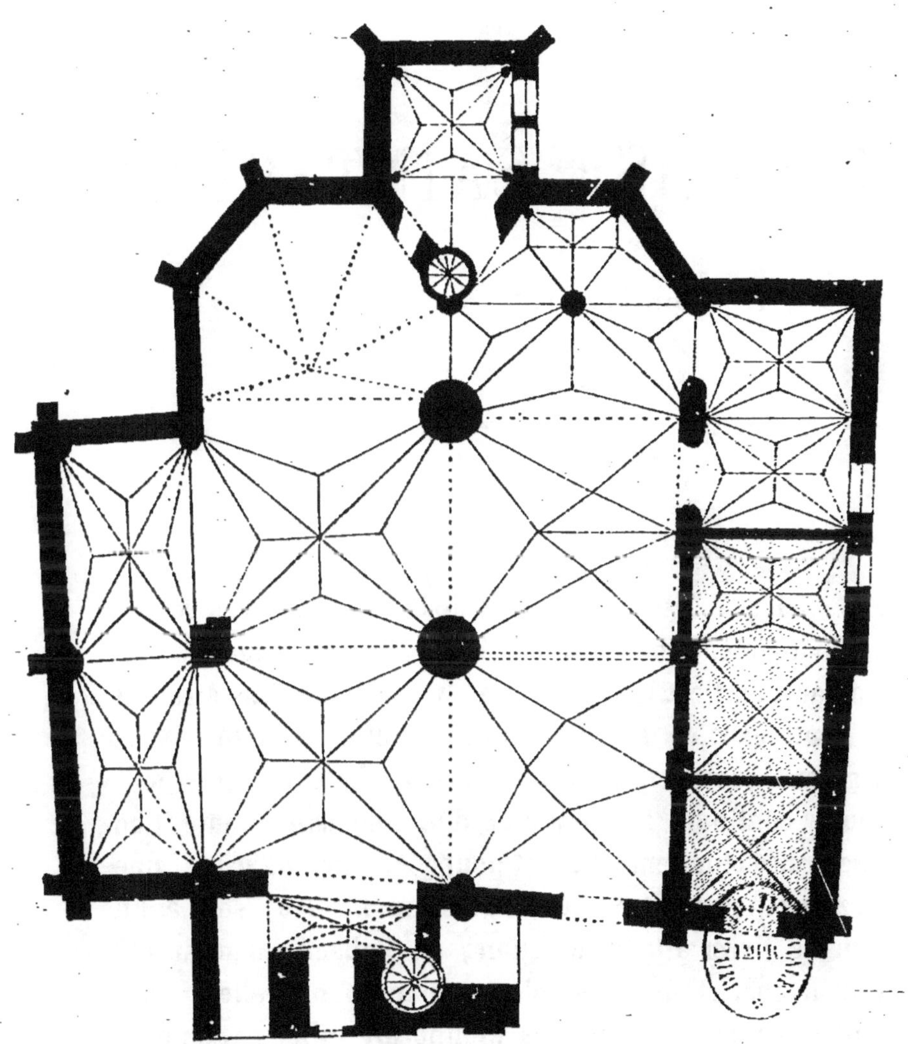

Plan de l'Eglise St. Rémy.

NOTICE

SUR

L'ÉGLISE SAINT-RÉMI

(Ancienne Paroisse de Bordeaux).

L'ancienne église paroissiale de Saint-Rémi va se vendre prochainement sur licitation à la barre du Tribunal. Cet emplacement est le local le plus vaste qui puisse être mis en vente dans ce quartier populeux, et pour cette raison, il ne manquera certainement pas d'acheteurs, soit pour pour y continuer l'exploitation d'un *magasin* comme il en existe un actuellement, soit pour y établir une *usine,* une *fabrique,* peut-être même quelque *théâtre,* soit enfin pour le livrer à la spéculation, en l'abandonnant au pic destructeur, et en le remplaçant par de nouvelles constructions : ce qui ne nous étonnerait nullement en présence de cette fièvre de démolition qui dévore notre siècle, et ne sait respecter ni l'ancienneté des monuments, ni les souvenirs historiques qui s'y rattachent.

Malgré l'existence de l'ancienne église paroissiale de Saint-Rémi, on vient, il y a un an environ, d'ériger en succursale, et sous le même vocable, une petite chapelle située à l'autre extrémité de la ville (au Passage de Lormont; et malheureusement, comme si nos édiles avaient pris à tâche de faire disparaître jusqu'au souvenir de l'antique paroisse, on a eu en dernier lieu l'idée de supprimer les noms de *rue Saint-Rémi, Petite rue Saint-Rémi, place Saint-Rémi.* L'opposition unanime des habitants est heureusement venue mettre obstacle à ce dessein malencontreux, et l'on doit s'en féliciter; car, si la vieille basilique disparaissait sous la pioche des démolisseurs, il n'existerait plus aucun vestige de cette vaste paroisse où nos ancêtres reposent en grand nombre. Il est vrai que le nom resterait à Bordeaux; mais ce nom, dans un avenir prochain, deviendrait la source de nombreuses erreurs si l'on avait à faire des recherches sur un fait accompli dans le voisinage de Saint-Rémi; on dirigerait tout naturellement ces recherches vers le quartier qui en porterait le nom, et ce quartier serait précisément à l'opposite de celui où elles devraient être faites... Et c'est ainsi qu'on écrirait l'histoire !

En présence du mauvais état de l'église Saint-Pierre, dont l'humidité, résultat inévitable de sa situation, et le défaut de solidité, sont de notoriété publique, et en présence de l'ancien projet de prolongement de la rue du Pas-Saint-Georges jusqu'au cours du Chapeau-Rouge, en face de la préfecture, la ville de Bordeaux peut se mettre en possession d'une ancienne basilique exempte de tous les inconvénients que nous venons de signaler, et située à quelques mètres à peine d'une voie projetée et qui est appelée à devenir une des plus commerçantes de la cité.

Nous croyons donc utile de présenter aujourd'hui au public un résumé très-succinct de l'histoire de l'église

Saint-Rémi, et nous espérons démontrer l'intérêt qu'auraient également la ville, le clergé et la population à rendre au culte une des plus anciennes paroisses de Bordeaux, exposée à une complète destruction. C'est du reste ce que vient de proclamer une voix bien mieux autorisée que la nôtre, celle de M. l'abbé Cirot de La Ville, chanoine honoraire, professeur à la Faculté de Théologie, dans son ouvrage intitulé : *Origine chrétienne de Bordeau, ou Histoire et Description de l'église Saint-Seurin.* Nous ne pourrons mieux faire que d'emprunter quelques pages à ce beau livre.

HISTORIQUE

L'ancienne église paroissiale Saint-Rémi, l'une des plus importantes de notre ville, et que M. Marchandon, dans son *Histoire de Bordeaux,* a dit par erreur avoir été détruite pendant la Révolution de 1793, existe EN SON ENTIER, et sert depuis 1792 d'Entrepôt fictif de douane, actuellement sous la direction de M. A.-H. Trimoulet fils, qui en est aussi le propriétaire.

L'Assemblée nationale, par une loi du 2 novembre 1789, s'emparait des biens du clergé, qui furent, selon l'expression de Mirabeau, mis à *la disposition de l'État,* et vendus ensuite comme propriétés nationales.

On vit alors des fabriques, des usines, des industries de tous genres s'établir sous les voûtes des temples encore toutes remplies de la grandeur et de la majesté du culte chrétien. Mais cet état de choses ne fut pas de longue durée ; car, le 8 avril 1802, une partie de ces biens fut rendue au clergé, l'autre resta entre les mains des industriels qui en avaient fait l'acquisition. Depuis cette époque, le plus grand nombre de ces monuments ont été détruits en partie ou en totalité ; très-peu d'entre eux, comme l'église Saint-Rémi, qui nous occupe aujourd'hui, sont demeurés dans leur état primitif.

L'église paroissiale de Saint-Rémi, en vertu de la loi précitée, fut vendue devant le directoire du district de Bordeaux, le 13 février 1792, et payée, en espèces monnayées, la somme de 107,088 fr. 87 c. Dès l'année 1792, nous la voyons transformée en entrepôt, obstruée par de nombreux planchers et par des cloisons non moins nombreuses. Depuis cette époque, elle n'a pas cessé de servir à la même destination, et elle n'a subi que des dégradations tout-à-fait secondaires et résultant de sa destination actuelle.

La fondation de l'édifice que nous avons sous les yeux date du XIe siècle. Il a été, quelques cents ans plus tard, reconstruit presque en entier, et il n'existe plus aujourd'hui à l'extérieur, de l'époque primitive, que les contre-forts de l'abside.

Par une irrégularité singulière pour une église paroissiale, mais qui était passée dans les usages de certains ordres monastiques [1], cette église possède deux grandes nefs à-peu-près de même dimension, et de plus, elle a deux bas-côtés.

L'abside de la nef principale date du XIVe siècle ; elle est a cinq pans, et offre, dans son élévation, deux zones

---

[1] L'église Saint-Rémi n'aurait-elle pas en principe appartenu à l'ordre des Franciscains? Ce qui nous porterait à le croire serait l'Indulgence de la Portioncule qui y était attachée avant la Révolution.

distinctes; elle était éclairée par trois fenêtres; mais celle du fond, qui est aujourd'hui murée, paraît être plus ancienne que les deux autres. Au-dessus de l'arc triomphal de cette abside s'élève le campanile triangulaire roman qui accuse l'époque de la construction primitive. Cette nef compte quatre travées et mesure une longueur de 32 mètres 50 centimètres sur une largeur de 8 mètres 50 centimètres; elle se termine par une tribune dont l'arceau, ornementé dans le style de la renaissance, supportait l'orgue, et repose sur deux murs de grande épaisseur qui, du côté de la façade, servent de bases à un clocher quadrilatère, dont la construction appartient au XIIIe siècle. Une niche élégante du XIVe décore un des contreforts extérieurs de ce clocher; au-dessus se voit une croix de la même époque. Du côté opposé existent des clochetons à arcatures du XIIIe siècle.

La petite porte donnant issue sur la rue date, d'après l'inscription suivante, du XVIIe siècle.

P. PICET OVVRIER
DES PAVVRES AMES
A FAICT FAIRE CETTE
PORTE BLANCH'ILA
VOVTE L'AN 1648.

A côté et au sud de la nef principale, ainsi que nous l'avons dit plus haut, se trouve une seconde nef à-peu-près de la même grandeur; elle est éclairée par trois croisées; son abside, également éclairée par le même nombre de croisées, est à cinq pans comme celle de la nef principale. La voûte de cette nef présente dans toute son étendue des nervures d'une bizarrerie remarquable. Sa porte est probablement du XVIIe siècle. On y remarque un fronton qui a été mutilé pendant la Révolution. Elle est ouverte dans un mur à appareil roman, terminé par un gable triangulaire surmonté d'une croix.

Le bas-côté du Midi, moins élevé et moins large que les deux nefs principales, est à chevet rectangulaire et éclairé par deux croisées. On y voit deux travées soutenues par des arceaux romans, le mettant en communication avec la nef voisine, et les piliers sur lesquels ils s'appuient ont pour date le XVIe siècle. Il possède aussi sa petite entrée de la même époque, et tout à côté un reste de contrefort du XIIIe.

Le bas-côté du Nord est beaucoup plus resserré que celui du Midi, tant en largeur qu'en longueur. Il forme un rectangle qui s'écarte de l'axe de l'édifice et n'a qu'une seule croisée. Ont peut lire encore, gravée sur le mur septentrional intérieur de ce bas-côté, une inscription en vers, rapportée avec quelques irrégularités par Beaurein, et qui donne une date certaine à sa reconstruction partielle :

```
LE. CLAIR. MIROVER DE SAVOIR ET PRVDRĒCE
QVE. LON. NOMMOYT PIERRE. DE. SIDONĒCE
LEQVEL. PENDANT. QVEN. CE MŌDE ESTOIT. VIF.
AVOYT ESTAT. DEVESQVE. PORTATIF
ET. A BON. DROICT. MIS. AV TRES. SAINCT LIEV
DE. IEHAN. DE. FOIX. REVEREND. PERE. EN. DIEV
DE. CESTE. VILLE. ARCHEVEQVE. SACRE
A CE. SAINCT. LIEV. ET. TENPLE. CŌSACRE
LAN. APRES. MIL. ET. V. CEN. LE. DOVXIEME
VNG. IOVR. DE. MAY. QVE. LŌ. CŌPTOYT. XVI.
```

« Cet évêque, dit Baurein, était, selon les apparences, un évêque *in partibus*, qui fut chargé de faire cette cérémonie par Jean de Foix, archevêque de cette ville, qui n'avait à cette époque tout au plus que vingt ans, ayant été élu archevêque en l'an 1501, à l'âge de dix-huit ans, et qui ne fut sacré que vers l'an 1512. »

La sacristie est placée à l'Ouest et communique par deux portes avec les deux nefs principales. M. Cirot de La Ville dit à ce sujet : « Cette sacristie rectangulaire, dont la voûte est aussi délicate dans ses nervures multipliées que toutes les autres, semble tenir la place du chevet d'un édifice primitif. Il n'est pas ordinaire de placer ainsi une sacristie. On arrive à la pièce qu est au-dessus, dite *chambre du prédicateur*, par l'escalier pratiqué dans l'intérieur du premier pilier. »

L'église Saint-Rémi mesure, dans sa plus grande longueur, *quarante mètres*, et dans sa plus grande largeur *trente-quatre mètres*

Des caveaux existent sous le bas-côté méridional et sous la sacristie. Il existe également de nombreux tombeaux dans le sol de l'église, spécialement sous les absides, et là reposent un grand nombre de membres des anciennes familles de Bordeaux.

L'ornementation intérieure était fort soignée, à en juger par la chaire qui, d'après M. Marchandon, avait été déposée pendant la Révolution dans l'église Saint-Michel, et fut tranportée plus tard dans la cathédrale, où on la voit encore. On peut en trouver la description détaillée (par M. Léonce de Lamothe) dans l'ouvrage de M. Cirot de La Ville, page 288. D'après le même auteur, l'église Saint-Rémi aurait fourni son orgue à la composition de celui qui depuis 1811 retentit sous les voûtes de notre primatiale. On prétend aussi que l'horloge de Saint-Louis provient de Saint-Rémi.

(10)

On lit dans l'ouvrage de M. Cirot de La Ville, page 290 :
« L'église Saint-Rémi, dit M. Marchandon, avait une assez
» grande célébrité à Bordeaux, par les cérémonies publi-
» ques qui avaient lieu dans son enceinte, et auxquelles
» assistaient les principales autorités. » Les fêtes de l'Ange-
Gardien et de la Portioncule y attiraient un grand concours[1].
Trois chapelles y furent fondées en même temps qu'à
Saint-Michel et chez les Minimes, et sous les mêmes noms
de Nolet, de Corn et de Marie d'Eyrisan. Aucune de ces
chapelles n'égalait dans la vénération publique Notre-Dame
de Pitié. Le culte et l'image connus sous ce nom, établis
dans plusieurs églises de la ville et conservés encore à
Saint-Pierre par un autel et par l'octave des Morts, durent
leur érection, dans Saint-Rémi, au testament de Jean
d'Anglade, en 1489 : « Si le cas advient, dit ce chevalier,
» que je trépasse à la ville de Bordeaux, je choisis ma
» sépulture pour mon corps enterrer, dans l'église Saint-
» Rémi, en la chapelle de Notre-Dame de Pitié, laquelle
» j'ai fait faire. » Ses exécuteurs testamentaires étaient
Bernard de Lataste, Guillaume Milon et Bernard de Com-
parrian, prêtre, qui habitaient la paroisse Saint-Rémi ;
dans laquelle il laissa sa maison à sa femme, Isabée de
Ferranhes. Deux frères qui en étaient paroissiens en 1417,
Human et Pierre de Marseilhe, y donnèrent leur nom à
une rue *Bonaventure,* ouverte du Midi au Nord, aboutis-

[1] L'Indulgence de la Portioncule, attachée ordinairement aux chapelles de l'ordre de Saint-François, a été, — depuis le 10 juillet 1804,
par un rescrit de Son Ém. le cardinal Caprara et une ordonnance de
Mgr d'Aviau, archevêque de Bordeaux, en date du 23 juillet 1804, —
transférée à l'église Saint-Michel de cette ville. Elle existe également
à l'église Saint-Martial. (*Note de l'auteur.*)

sant des fossés du Chapeau-Rouge à la porte Médoc, et comprise dans les démolitions qui furent commencées en 1676, pour former l'esplanade du Château-Trompette. Le premier président Arnaud de Pontac et son épouse, Louise de Thou, « habitant en leur hostel en la paroisse » Saint-Rémy, » établirent les PP. de l'Enfant-Jésus dans l'ancien hermitage de Sainte-Catherine de Lormont, en 1665.

» Une vénération traditionnelle, une importance historique garanties par ces faits, d'une part, les indications architecturales d'une autre, nous engagent à placer Saint-Rémi parmi les églises que suscitèrent la première translation des reliques du Saint, et les miracles racontés par Grégoire de Tours et par Fortunat. Construite à l'ombre des remparts, dont elle n'était séparée, comme Saint-André, que par un étroit chemin de ronde, etc., etc. »

Et plus loin, page 291 :

« La basilique de Saint-Rémi et ses sœurs ont pu être des suppléments de la basilique de Saint-Étienne et Saint-Seurin. C'est ce que font valoir les Mémoires du siècle dernier, trop riches d'hyperboles, mais dont on ne saurait repousser toutes les allégations. « Si les églises de Saint-
» Rémi, de Puy-Paulin, de Saint-Christoli et de Saint-
» Maixent, dit l'un de ces Mémoires, n'avoient pas existé
» avant le Chapitre de Saint-André, ces paroisses ne se-
» roient pas maintenues dans l'usage de se réunir au Cha-
» pitre de Saint-Seurin, pour assister aux processions de
» Saint-Marc et des Rogations, ainsi qu'elles le prati-
» quoient avant même que le Chapitre de Saint-Seurin ne
» fût établi, afin de rendre plus pompeuses, par le nom-
» bre de leurs clercs, ces processions que les archevêques
» qui siégeoient alors à Saint-Seurin faisoient par eux-

» mêmes, à l'exemple de saint Mammert. » Les mêmes Mé-
» moires citent Gabriel Couzeau, curé de Saint-Rémi, Guil-
» laume Bertrand et Piganeau, curé de Saint-Maixent,
» Lapause, curé de Puy-Paulin, qui, au milieu des que-
» relles du XVIIe et du XVIIIe siècles, affirment par leurs
» actes l'ancienneté de leurs églises et l'autorité de l'église-
» mère dont elles dépendaient...... » C'est surtout sur
l'église que le Chapitre de Saint-Seurin exerçait ses droits,
y transportant ses offices, ses assemblées capitulaires, sa
résidence toutes les fois que des luttes étrangères ou intes-
tines le chassait de sa basilique. Le curé, aussi bien que
ceux de Notre-Dame de Puy-Paulin, de Saint-Maixent et
de Saint-Christophe, administrait en son nom, avec le titre
de vicaire perpétuel, et sous la condition du serment ainsi
formulé en entrant en charge : « Je, N....., vicaire per-
» pétuel de Saint-Rémi, promets que je serai bon et obéis-
» sant à l'égard du seigneur doyen et des chanoines du
» Chapitre de l'église de Saint-Seurin. Je garderai et ob-
» serverai la résidence personnelle et continue dans la-
» dite église de Saint-Rémi, ainsi que j'y suis obligé et
» tenu de droit. Je procurerai l'utilité desdits seigneurs et
» maintiendrai de toutes mes forces les statuts, constitu-
» tions, usages et réglements de ladite église. Qu'ainsi Dieu
» me soit en aide, et ses saints Évangiles touchés de ma
» main. »

CONCLUSION

Nous allons, le plus succinctement possible, dévelop-
per l'opportunité et les avantages qui résulteraient de la
résurrection de l'église Saint-Rémi et de la translation de
l'église paroissiale de Saint-Pierre dans ce monument.

Il y aurait en effet opportunité, nécessité même, de fermer cette dernière église, qui non-seulement est trop petite pour la population toujours croissante de la paroisse, mais qui surtout manque de solidité, personne ne l'ignore. Un vote du Conseil municipal a, depuis longtemps, décidé sa reconstruction, et si ce projet n'a pas reçu son exécution, on le doit au manque de fonds et à l'appréhension que fait naître l'établissement des fondations dans un terrain éminemment défavorable. Les dépenses seraient considérablement augmentées par la nécessité de bâtir sur pilotis, genre de construction toujours très-onéreux et laissant beaucoup à désirer pour un monument aussi important. De plus, en le reconstruisant sur le même terrain, il faudrait trouver l'emplacement d'une église provisoire, chose assez difficile dans cette partie de la ville, surtout pour une durée d'au moins six ou sept ans; et encore ne tenons-nous pas compte de la lenteur habituelle de ces grandes constructions, à Bordeaux principalement.

D'après ce que nous avons dit en commençant, l'église Saint-Rémi va se trouver en disponibilité. Dans l'intérêt de tous, ne serait-il pas convenable d'en faire l'acquisition, soit pour y établir l'église provisoire et la revendre plus tard avec un bénéfice notable, les terrains augmentant tous les jours dans l'intérieur de la ville, où ceux de cette étendue manquent totalement, soit, et mieux encore, pour en faire l'église paroissiale définitive? La translation de celle-ci permettrait de rectifier le cours de la Devèze, de prolonger la rue de la Devise jusqu'à la rivière, d'assainir ainsi tout le quartier, et enfin de donner à la ville des emplacements qu'elle vendrait fort cher.

L'église qui nous occupe aurait encore l'avantage de se trouver, comme nous l'avons dit en commençant, à quel-

ques mètres d'une des plus belles voies de Bordeaux , car
on ne peut admettre que l'administration si intelligente de
notre ville, l'administration qui s'est déjà montrée si dési-
reuse de toutes les améliorations praticables, se détermine
à abandonner le projet du percement de la rue du Pas-
Saint-Georges jusqu'au cours du Chapeau-Rouge, vis-à-
vis la Préfecture , projet qui, en donnant de la vie au
quartier, augmenterait nécessairement la valeur de toutes
les propriétés, et qui est l'objet des vœux de tous les habitants. Plusieurs pétitions couvertes de signatures ont été
faites à ce sujet et à plusieurs reprises. — Les démolitions
qui résulteraient de l'adoption de ce plan dégageraient naturellement l'emplacement d'une très-belle place devant
l'église , et il ne s'agirait, pour le réaliser, que de démolir
de vieilles et insignifiantes constructions. Le Clergé trou-
verait ainsi à rendre au culte un des plus anciens monuments de Bordeaux et l'un des plus curieux en son genre.

Voici d'ailleurs l'opinion qu'exprime M. l'abbé Cirot de
La Ville , juge très-compétent en pareille matière :

« Les souvenirs, les traits encore bien conservés de
l'église Saint-Rémi , sollicitent sa résurrection. Lorsque
des besoins religieux toujours croissants avec la population
appellent des édifices plus grands ou plus nombreux, serait-
il juste d'abandonner à jamais celui-ci à la destination
profane qui amènerait tôt ou tard sa destruction ? Nous le
croyons susceptible d'une facile restauration. Tout y est
solide ; les dégradations sont secondaires. Les vieilles et
sales constructions qui tomberaient autour de lui pour lui
donner de l'air, et au besoin plus d'espace, ne laisseraient
de regret à personne. Nous conserverions une église de
plus à la série de monuments dont je viens d'esquisser
l'histoire.

» Ils prouvent que le culte de saint Seurin et de saint Amand a eu tout à la fois sa naissance et sa propagation. C'était bien le temps de l'Arianisme, contre lequel on articulait le dogme de la Trinité par la triple baie liée des absides. C'était bien le temps de l'évêque de Cologne et de Bordeaux, défendant de l'hérésie ses deux villes épiscopales, par la parole et par la sainteté, les protégeant après sa mort contre les Goths, par l'intercession et les miracles qui répandent sa renommée. C'était bien le temps où s'établirent les fondements de l'abside-mère. »

C. VABRE.

Bordeaux. — Imp. de F. Degréteau et Cie.